한글로
배우는
일본어

한글로 배우는 일본어

1판 1쇄 발행 2023년 5월 3일

저자 이은도

교정 신선미 **편집** 문서아 **마케팅 · 지원** 이진선

펴낸곳 (주)하움출판사 **펴낸이** 문현광

이메일 haum1000@naver.com **홈페이지** haum.kr
블로그 blog.naver.com/haum1000 **인스타그램** @haum1007

ISBN 979-11-6440-357-8 (03730)

들어가는 말

일본어 학습에 있어 단어 암기가 차지하는 비중은 매우 크다. 이 책에서는 모든 일본어 단어 전체를 커버할 수 없지만, 일본어 글자(음절)에 숨겨진 속성과 공통적인 요소 등을 분석하여 일본어 단어 학습에 도움을 주고자 한다.

다만, 학교(学校)와 같은 단어(한자어)의 경우는 'がっこう(갓코우)'와 같이 한자어 그대로 음을 발음(음독)하게 되며, 이미 한자어에 의미가 포함되어 있으므로 이러한 한자어 단어들은 제외하고, 순수 일본어인 '和語(와고)' 단어 위주로 분석을 하여 기술하였다.

순수 일본어 단어 중에서 필자가 분석한 '속성 분석 및 연상 방법'을 통해서 보다 쉽게, 그리고 오래도록 잊지 않고 기억될 수 있도록 도움을 주고자 한다. 우선 일본어를 공부하는 사람은 일본어 자음·모음 글자 도표인 '오십음도'부터 외우게 된다. 이 오십음도 각각의 글자(음절)들이 가진 독특한 속성과 공통점을 이해하면 보다 쉬운 단어 암기법이 될 것으로 확신한다.

물론 모든 일본어 단어 전체가 예외 없이 적용되는 것은 아니며, 이해하기 따라서는 다소 무리한 연관도 있을 수 있지만, 오십음도 각 행들의 속성을 기본으로 인지하고 단어를 공부한다면 한 번 외우고 쉽게 잊지 않는 단어들이 머릿속에 기억되면서 자신감을 갖고 유창한 일어

회화를 구사하는 데에 도움이 되리라 생각한다.

　외국어 학습의 기본은 습관을 들이는 것이며 '반복 학습'이라고 한다. 이 책에서는 매우 간단한 암기 연상 패턴을 가지고 있기 때문에 반복적으로 숙독한다면 일본어 단어 공부에 많은 도움이 되리라 생각한다.

일본어를 배우기 위해서는 우선 일본어 글자인 '오십음도(일상적으로는 46개 글자가 사용되고 있음)'를 외워야 한다. 우리나라의 한글과 같은 오십음도 자음·모음 모두를 외워야 하는 것이다.

- あ(아)행은 あ(아), い(이), う(우), え(에), お(오)로 구성되며 あ(아)행의 단어들은 앞의 속성이 있음을 기억하면 되는 것이다.

- か(가)행은 か(가), き(기), く(구), け(게), こ(고)로 구성되며, か(가)행의 단어들은 칼의 속성이 있다.

- さ(사)행은 さ(사), し(시), す(스), せ(세), そ(소)로 구성되며, さ행의 단어들은 삭히다의 속성이 있다.

- た(다)행은 た(다), ち(지), つ(쓰), て(데), と(도)로 구성되며, た행의 단어들은 다리의 속성이 있다.

- な(나)행은 な(나), に(니), ぬ(누), ね(네), の(노)로 구성되며, な행의 단어들은 느낌의 속성이 있다.

- は(하)행은 は(하), ひ(히), ふ(후), へ(헤), ほ(호)로 구성되며, は행의 단어들은 바깥의 속성이 있다.

- ま(마)행은 ま(마), み(미), む(무), め(메), も(모)로 구성되며 ま행의 단어들은 (둥글게)말다의 속성이 있다.

- や(야)행은 や(야), ゆ(유), よ(요)로 구성이 되며, や행의 단어들은 어둠의 속성이 있다.

- ら(라)행은 ら(라), り(리), る(루), れ(레), ろ(로)로 구성되어 있다. ら(라)행은 오십음도 중 가장 적은 단어를 구성하고 있어 특별하게 속성 분석을 할 필요는 없을 것으로 판단되어 제외하였다(굳이 분석하자면 사람의 속성이 있다).

- わ(와)로 시작하는 단어들은 역시 **사람**의 속성이 있고, を(오)는 '을, 를'을 뜻하는 목적격 조사이다. ん(응)은 받침(ㅇ이나 ㅁ발음)으로 활용된다.

이와 같이 각 행에 숨어있는 공통적인 속성과 한글 단어를 연상하여 이해하기만 해도 일본어 단어 의미를 이해하는 데 도움이 될 것이다.

앞(あ행), 칼(か행), 삭히다(さ행), 다리(た행), 느낌(な행), 바깥(は행), 말다(ま행), 어둠(や행)이라는 각 행의 일본어 단어가 가진 속성을 통해 일본어 단어를 상당 부분 이해할 수 있도록 설명하여, 보다 쉽게 단어를 외울 수 있도록 하는 것이 책을 쓴 목적이다.

단어를 암기할 때 의미도 모른 채 수십 번 수백 번 반복해서 쓰기 연습을 하는 것은 나름의 효과는 있지만, 너무 많은 시간이 소요되고 불필요한 에너지를 낭비할 수 있기에 단어의 속성으로 이해한다면 짧은 시간 내에 외울 수 있고, 오래도록 잊어버리지 않을 것이다.

우선, 오십음도를 가장 쉽게 외우는 요령은 각행의 첫 자를 따서 각 행의 머리글자 발음만을 취해서 '아(あ) 가(か) 사(さ) 탕(た) 나(な) 한(は) 개 만(まん)'으로 반복해서 외우면 쉽게 이해된다.

오십음도 각 행의 속성을 외우는 방법 역시 오십음도 순서대로 한글 단어 '앞, 칼, 삭히다, 다리, 느낌, 바깥, 말다, 어둠' 등 각 행별로 한글 단어의 속성을 가지고 있는 것으로 기억하면 된다. 본 저서는 속성을 나타내는 한글 단어들을 통해서 일본어 단어들의 의미를 쉽게 이해할 수 있기에 일본어를 보다 빠르게 습득하게 되는 것이다.

1. あ(아)행의 단어들은 **앞**의 속성을 가지고 있다.

2. か(가)행의 단어들은 **칼**의 속성을 가지고 있다.

3. さ(사)행의 단어들은 **삭히다**의 속성을 가지고 있다.

4. た(다)행의 단어들은 **다리**의 속성을 가지고 있다.

5. な(나)행의 단어들은 **느낌**의 속성을 가지고 있다.

6. は(하)행의 단어들은 **바깥**의 속성을 가지고 있다.

7. ま(마)행의 단어들은 **말다**의 속성을 가지고 있다.

8. や(야)행의 단어들은 **어둠**의 속성을 가지고 있다.

※ ら(라)행과 わ(와)행으로 시작하는 단어는 사람의 속성을 가지고 있다.

    이와 같이 순서대로 읽으면서 이해하기만 하면 된다. 일본어를 처음 배우는 경우, 각 행의 첫 음절만 발음을 취해서 '아가사탕나한개만'으로 오십음도를 외우고, '앞, 칼, 삭히다, 다리, 느낌, 바깥, 말다, 어둠'의 각 행별, 글자별 속성들을 이해하고 있으면 단어 암기 원리를 연상하기 쉬우므로 반드시 외우기 바란다.

あ햄

あ, い, う, え, お

あ い う え お

'あ행(あ, い, う, え, お)'은 전술한 대로 '앞'의 속성을 가지고 있다. '앞'의 속성에서 파생되어 '앞, 뒤, 위, 아래'의 의미까지 확장되기도 하며, 인간의 언어에 가장 중요한 위치를 차지한다는 점과 모음이라는 점에서 이미지적으로는 '밝음'의 이미지가 강한 단어들이 많으며, 인간의 오감 중에서는 '미각'에 해당되는 단어가 많이 있는 것도 특징 중의 하나이다.

あ행(あ, い, う, え, お) 각 모음 글자의 속성에 대해 표로 정리하면 아래와 같다.

- **あ(아)**는 **앞, 위, 생각, 미각, 밝음**의 속성이 있다.
- **い(이)**는 **앞, 생각, 미각, 밝음**의 속성이 있다.
- **う(우)**는 **위, 뒤, 생각, 미각, 밝음**의 속성이 있다.
- **え(에)**는 **위, 생각, 미각, 밝음**의 속성이 있다.
- **お(오)**는 **아래, 생각, 미각, 밝음**의 속성이 있다.

그럼 지금부터는 앞, 생각, 미각, 밝음의 속성이 있는 あ행에 대해서 대표적인 단어 위주로 기술하겠다.

あ(아)는 앞의 속성을 가지고 있다

❶ あいて(相手)는 상대를 뜻하는 단어이다.

'あ(아)'는 '앞'의 속성이 있다. 매순간 우리는 누군가(앞에 있는 상대)와 마주친다. '상대방'과 이야기하고 '상대'에 대해 고민하고 생각하고 '상대'와 식사를 하고 끊임없이 내 '앞'에 마주친 '상대'와 교감하고 있는 것이다.

'앞'에 있는 사람, 즉 상대에게 손(て)을 내밀어 악수를 하는 것을 생각한다면 'あいて'가 '상대'를 의미한다는 것을 쉽게 이해할 수 있다.

💡 예문　はなしあいて(하나시아이테)는 'はなし(말, 이야기)'와 'あいて(상대)'가
　　　　합쳐서서 '말 상대'라는 뜻이다.

❷ あさ(朝)는 아침을 뜻한다.

'あ(아)'는 '앞'의 속성이 있다. '아침(あさ), 점심(ひる), 저녁(ゆうべ), 밤(よる)' 중에 가장 앞에 있는 것은 '아침(あさ)'이라는 것을 기억하면 된다.

💡 예문　あさがえり(아사가에리)는 '외박'이라는 뜻이다. 밤을 보내고 아침에 돌
　　　　아오는 것이니 '외박했다'라는 표현을 쓸 때 활용한다.

❸ あした(明日)는 내일을 뜻하는 단어이다.

'あ(아)'는 '앞'의 속성을 가지고 있다. '앞으로 다가올 내일'이라는 의미로 기억하면 된다. 동의어인 'あす(내일)' 및 'あさって(모레)'도 앞으로 다가올 '미래'라는 점에서 '앞'의 속성을 가지고 있다.

💡 예문　あしたははれるらしい(아시타와하레루라시이)는 '내일은 갤 것 같다'라는 뜻이고, 날씨를 얘기할 때 자주 쓰는 표현이다.

❹ あなた(貴方)는 당신의 의미이다.

'あ(아)'는 '앞'의 속성을 가지고 있다. 전술한 'あいて(상대)'와 'あなた (당신)'는 같은 의미로 이해하고 외우면 두 단어를 어렵지 않게 동시에 외울 수 있다. 사람은 내 앞에 누군가와 끊임없이 교감해 가는 것이다.

💡 예문　あなたのせきにんです(아나타노세키닌데스)는 '당신 책임입니다'라는 뜻이다.

い(이)는 앞의 속성을 가지고 있다

❶ いきる(生きる)는 살다라는 의미이다.

'い(이)'는 '앞'의 속성이다. 사람에게 생과 사는 매우 중요한 의미이다. 또한 앞으로 살아나가는 것이지 과거로 거슬러 올라가는 것은 아니다. 고로 'い(이)'의 속성인 '앞'과 일맥상통하는 것이다.

💡 예문　いきるのがたいへんだ(이키루노가다이헨다)는 '사는 것이 힘들다'라는 뜻이다.

❷ いく(行く)는 가다라는 의미이다.

'い(이)'는 '앞'의 속성이 있는 글자이다. 'い(이)'의 속성을 대표하는 단어인 것이다. 쉽게 말해 'いく'는 '가다'가 아니라 '앞으로 가다'로 연상해서 기억하면 된다. 'いきる(살다)'와 'いく(가다)'는 '앞으로 간다'는 점에서 동일한 의미로 생각해도 무방하다.

💡 예문   りょこうをいく(료코우오이쿠)는 '여행을 가다'라는 뜻이다.

❸ いま(今)는 지금이라는 뜻이다.

'い(이)'는 '앞'의 속성이 있는 글자이다. 바로 '앞'을 의미하는 대표적인 단어이고 외우기 쉬운 단어이다. 'いま'와 'まえ'는 사실상 같은 의미라 해도 무방한 단어이며 '지금 앞'이라는 의미는 쉽게 기억된다. 왜냐하면 'あ행'은 '앞', ま행은 '눈'을 의미(ま행의 속성)하므로 '바로 눈앞'이라는 의미가 내포되어 있는 것이다.

💡 예문   いまはいそがしい(이마와이소가시이)는 '지금은 바쁘다'라는 뜻이다.

■ う(우)는 위의 속성을 가지고 있다

우리말 한글 단어인 '위'와 '우(う)'는 발음상으로도 비슷하며, 발음상, 의미상 동일한 것으로 이해한다면 'う'가 '위'의 의미를 가지고 있다는 것은 쉽게 기억된다.

❶ うえ(上)는 위를 뜻하는 단어이다.

'う(우)'는 '위'의 속성이다. 'うえ(우에)'는 'う(우)'의 속성(위)을 나타내는 가장 대표적인 단어이며, 'うえ(우에)'가 '위'를 의미하는 것은 쉽게 기억된다.

💡 예문   うえをみる(우에오미루)는 '위를 본다'라는 뜻이다.

❷ うかぶ(浮ぶ)는 떠오르다라는 뜻이다.

'う(우)'는 '위'의 속성이 있는 글자이다. '위로 떠오르다'라는 의미이다.

💡 예문   かんがえがうかぶ(간가에가우카부)는 '생각이 떠오르다'라는 뜻이다. 생각이 머릿속으로 떠오르거나 물체 등이 물 위로 떠오를 때도 쓸 수 있다.

❸ うち는 집을 뜻하는 단어이다.

'う(우)'는 '위'의 속성이다. 'ち'가 '땅'과 '흙'의 속성이므로 '땅 위에 짓는 집'이 'うち'로 연상한다면, 쉽게 기억되는 단어이다.

💡 예문   うちにかえる(우치니가에루)는 '집으로 돌아가다'라는 뜻이다.

❹ うま(馬)는 말을 뜻하는 단어이다.

'う(우)'는 '위'의 속성이다. '위에 타는 것'이 말이다. 말 등 위에 올라탄다. '위에 타는 동물'로 이해한다면 쉽게 기억된다. 사람이 위에 타는 동물이 예로부터 'うま(말), うし(소)'라는 점에서 '위(うえ)'라는 속성만 연상해도 동물의 이름이 기억될 것이다. 사람이 타지는 않으나, 밀접한 동물이 '개(いぬ), 고양이(ねこ), 돼지(ぶた)' 정도로 기억하면 된다.

💡 예문   うまにのる(우마니노루)는 '말에 타다'라는 뜻이다.

え(에)는 위의 속성을 가지고 있다

❶ えぐる는 도려내다라는 뜻이다.

'え(에)'는 '위'의 속성이다. '윗부분을 칼로 도려낸다'는 것이므로 'え ぐる(에구루)'의 의미로 이해가 될 것이다 'え(에)'는 '위'의 속성, 'ぐ'는 '칼'의 속성이므로 '칼'로 '위'를 도려내는 것이다.

💡 예문 きずをえぐる(기즈오에구루)는 '상처를 도려내다'라는 뜻이다.

❷ えがく(描く)는 그리다라는 의미이다.

'え(에)'는 '위'의 속성이다. 'え'가 '그림'의 뜻이며, 'かく'가 '그리다'의 의미이므로 두 글자를 합한 것으로 이해한다면 'えがく(에가쿠)'의 의미가 쉽게 기억된다. '캔버스 위에 그림을 그리다'라는 것으로 연상하면 된다.

💡 예문 ちずをえがく(지즈오에가쿠)는 '지도를 그리다'라는 뜻이다.

❸ えくぼ(笑くぼ)는 보조개를 의미한다.

'え(에)'는 '위'의 속성이다. '얼굴 위에 생기는 보조개'로 연상하면 된다.

💡 예문 あばたもえくぼ(아바타모에쿠보)는 '곰보도 보조개처럼 보인다'라는 뜻 이다. 사랑하는 사람이라면 단점도 장점으로 보인다는 뜻이다.

お(오)는 아래의 속성을 가지고 있다

'う(우)'가 '위 방향'이라면 반대로 'お(오)'는 '아래 방향'이다.
'おお(오오)'와 같이 같은 음절이 중복되는 경우가 있는데, 모든 행 중에서
가장 앞에 있는 행은 'あ행'이며 모음이 중복되는 경우는 상당히 강한 의미
를 내포할 수밖에 없다.
대표적으로 'おおい(많다), おおきい(크다)'는 'お'가 두 번 중복되어 있기
때문에 강조의 의미가 되며, 단순히 '많다, 크다' 정도가 아니라 '매우 많다,
매우 크다'라고 암기해도 무방할 것이다.

❶ お(尾)는 꼬리를 의미한다.

'お(오)'는 '아래'의 속성이 강하다. 통상 동물의 경우, 전체 '몸'을 기준
으로 했을 때 '꼬리'는 '아랫부분'에 달려 있는 것이기 때문에 '아래'의
의미를 연상하기 쉽다. 사람에게도 꼬리뼈 부분은 '아래쪽'에 해당되
는 것이다.

💡 예문 おをふる(오오후루)는 '꼬리를 흔들다'라는 뜻이다.

❷ おいしい(美味しい)는 맛있다라는 의미이다.

'あ(아)행'은 사람의 오감 중 '미각'의 속성이 많다. 특히 'お(오)'로 시작
하는 단어에는 '맛'을 의미하는 단어가 많다. 인간이 동물과 다른 점은
생각을 한다는 점과 다양한 맛을 느끼고 표현할 수 있는 점이기도 하
다. 또한 생존을 위해서는 먹는 것은 최우선적으로 중요한 것이며 따
라서, '미각'을 뜻하는 단어들이 'あ행'에 다수 있는 것으로 이해하기

바란다.

'お와 い(미각의 속성)'가 중복되어 있기 때문에 '맛있다'가 아니고 '매우 맛있다'로 기억하면 오히려 외우기가 쉽다.

💡 예문 おいしいそうざい(오이시이소우자이)는 '맛있는 반찬'이다.

❸ おさえる(押える)는 누르다라는 뜻이다.

'お(오)'는 '아래'의 속성이 강하다. '아래로 누르다'로 이해하면 된다. 'さ(사)'는 '방향'의 속성이므로 글자 그대로 '아래 방향으로 누르는 것'이다.

💡 예문 きずぐちをおさえる(기즈구치오오사에루)는 '상처를 누르다'라는 뜻이다. 상처를 눌러 지혈하는 것이다.

❹ おす(押す)는 밀다라는 뜻이다.

'お(오)'는 '아래'의 속성이 강하다. '아래로 밀어 떨어뜨리다'라는 것으로 가정하고 'おす'의 의미를 이해하면 외우기 쉽다. 역시 'す(스)'는 방향의 속성이므로 '아래 방향'으로 미는 것이다.

💡 예문 おさない、かけない、しゃべらない(오사나이, 가케나이, 샤베라나이)는 '밀지 않는다, 뛰지 않는다, 말하지 않는다'라는 뜻이다. 지진이 났을 때의 필수적인 행동이라고 한다. 이 3대 준수 행동을 머리글자만 따서 'おかし(과자)'로 외우기도 한다.

❺ おちる(落ちる)는 떨어지다라는 의미다.

'お(오)'는 '아래'의 속성이 강하다. 아래의 속성을 가지는 'お'로 시작하는 단어의 전형적인 형태이다. 글자 그대로 'お'는 '아래', 'ち'는 '땅'의 속성이므로, 'おちる'가 '땅 아래로 떨어지다'라는 의미라는 것이 쉽게 기억된다.

💡 예문   したにおちる(시타니오치루)는 '아래로 떨어지다'라는 뜻이다. 'お'는 '아래', 'ち'는 '땅'을 의미하기 때문에 억지로 외울 필요도 없이 글자 그대로 '땅으로 떨어지다'는 의미가 된다.

か행

か, き, く, け, こ

か き く け こ

'か(가)행'은 '칼'의 속성을 가지고 있다. '칼(쇠, 금속)'의 성질이라 검고(흑색) 딱딱한 의미가 다수 포진되어 있다. 'あ행'이 '앞'과 사람의 '생각'과 관련된 것이라면, 'か행'은 사람의 '몸'과 '마음'과 관련되는 단어가 많다.

'몸이 재산이다, 몸이 돈이다'라는 밀도 있듯이 '몸(미음)'은 돈과 비교될 수 없는 소중한 것으로 'か행'은 '돈'같이 소중한 사람의 '몸과 마음'과 관련되는 행으로 이해하면 된다.

'か행'의 '칼'이라는 속성처럼 '칼'을 만들기 위해 '금속'을 단련하듯이 사람의 '몸과 마음' 역시 단련하는 대상인 것이다. 또한, 사람의 '몸과 마음'에 해당되므로 'か행'은 동적인 움직임의 속성을 가지고 있다.

'か행'은 '금속'과 '쇠'의 속성을 연상하면서 단어를 외우면 된다. 예를 들면 'かね(돈)'는 지금과 같은 지폐가 아닌 과거의 '금속'으로 만들어진 동전 등 화폐를 연상하면 쉽게 외워지게 된다. 또한, 'か(가)행'의 각 글자별 속성은 아래의 표와 같다.

- か(가)는 칼(금속, 돈), 몸과 마음의 속성이 있다.
- き(기)는 칼(금속, 돈), 몸(입는 것)과 마음과 청각의 속성이 있다.
- く(구)는 칼(금속, 돈), 몸(입)과 마음, 검은색, 동적인 것(움직이다)의 속성이 있다.
- け(게)는 칼(금속, 돈), 몸과 마음, 검은색의 속성이 있다.
- こ(고)는 칼(금속, 돈),몸과 마음, 작은 것, 검은색의 속성이 있다.

か(가)는 칼, 금속(金屬), 돈의 속성을 가지고 있다

❶ かう(買う)는 사다라는 뜻이다.

'か(가)'는 '칼(금속, 돈)'의 속성이다. '돈으로 사다'라는 뜻이 된다.

💡 예문 さしいれをかう(사시이레오가우)는 '간식을 사다'라는 뜻이다. 사무실 근무 시 휴게시간에 먹는 간식을 差入(さしいれ)라고 한다.

❷ かがやく(輝く)는 반짝이다라는 뜻이다.

'か(가)'는 '칼(금속, 돈)'의 속성이다. '칼'이나 '금속류'는 대체로 반짝거린다. 따라서 '금속이 반짝인다'로 이해하면 된다.

💡 예문 きんぞくがかがやく(긴조쿠가가가야쿠)는 '금속이 빛나다'라는 뜻이디.

❸ かせぐ(稼ぐ)는 벌다라는 뜻이다.

'か(가)'는 '칼(금속, 돈)'의 속성이다. '돈을 번다'로 이해하면 된다.

💡 예문 がくひをかせぐ(가쿠히오가세구)는 '학비를 벌다'라는 뜻이다. 'か(가)'의 속성이 '돈'이라고 한다면 かう(돈으로 사다), かかる(돈이 들다), かける(돈을 걸다), かぞえる(돈을 세다)처럼 돈과 관련된 단어들은 쉽게 기억된다.

❹ かたな(刀)는 칼의 의미를 가지고 있다.

'か(가)'는 '칼(금속, 돈)'의 속성이다. 전형적인 '칼'의 의미를 가지는 단어이므로 'か(가)'의 '칼'이라는 속성을 이해한다면 쉽게 기억된다.

💡 예문 かたなできる(가타나데기루)는 '칼로 자르다'라는 뜻이다. 'か(칼)'도 'き(
가위)'도 전부 금속이고 자르는 것이다.

⑤ からだ(体)는 몸을 의미한다.

'か(가)'는 '칼(금속, 돈)'의 속성인 동시에 금속을 단련하듯이 '몸'과 '마
음'을 단련하는 것이다. 따라서, '몸'과 '마음'의 속성도 동시에 가지고
있다.

💡 예문 からだにわるい(가라다니와루이)는 '몸에 해롭다'라는 뜻이다. からだ(몸)
와 こころ(마음)가 모두 'か'행의 속성을 가진 단어들이다.

き(기)는 칼(금속, 가위)의 속성을 가지고 있다

특히, 'き(기)'는 '칼, 금속'에 이어서 '가위'의 속성까지 확장성을 가지
는 것으로 이해하면 보다 쉽게 단어를 외울 수 있다.

① ぎくしゃく는 삐걱대는 소리를 의미한다.

'き(기)'는 '칼(금속)'의 속성이다. '금속끼리 부딪히는 소리'가 나는 것이
다. 그래서 '삐걱삐걱'의 의성어이기도 하고, 다소 '껄끄러운 마음' 상
태를 의미하기도 한다.

💡 예문 ぎくしゃくしたくない(기쿠샤쿠시타쿠나이)는 '껄끄럽게 하고 싶지 않
다'라는 뜻이다. 다소 어렵지만 '금속'의 소리를 나타내는 의성어를 활용
한 마음의 표현도 가능해지는 것이다.

❷ きざむ(刻む)는 새기다라는 뜻이다.

'き(기)'는 '칼, 금속'의 속성이다. '칼로 무언가를 새긴다'라는 뜻으로 연상하면 된다.

💡 예문　かたにきざまれたはな(가타니기자마레타하나)는 '어깨에 새겨진 꽃'이라 는 뜻이다. 어깨에 꽃문양의 문신(いれずみ)을 새긴 것이다.

❸ きたえる(鍛える)는 단련하다라는 뜻이다.

'き(기)'는 '칼, 금속'의 속성이다. '금속을 단련하다'라는 뜻도 되고 '몸 과 마음을 단련하다'라는 뜻도 된다. 따라서 'か(가)행'은 '몸과 마음'에 해당하는 단어들이 많다는 점도 반드시 숙지하고 있어야 한다. '금속' 이나 '쇠'를 단련하여 낫(かま)이나 괭이(くわ) 같은 금속 도구를 만든다.

💡 예문　こころをきたえる(고코로오기타에루)는 '마음을 단련하다'라는 뜻이다.

❹ きる(切る)는 베다, 자르다라는 뜻이다.

'き(기)'는 '칼, 금속'의 속성을 지닌다. 'き(기)'가 지니고 있는 '칼'의 속 성을 가진 대표적인 단어가 'きる'가 '칼이나 가위로 자르다' 의미라는 것은 쉽게 기억된다.

'きる(着る)'처럼 '칼이나 가위로 만든 옷을 입는다'라는 뜻도 생긴 것 이다.

💡 예문　かたなできる(가타나데기루)는 '칼로 베다'라는 뜻이다. 칼의 속성으로만 이루어진 문장으로 이해할 수 있다.

く(구)는 칼과 몸(입)과 검은 색, 동적인 움직임의 속성을 가지고 있다

❶ くし(串)는 꼬챙이를 의미한다.

'く(구)'는 '칼, 금속, 돈'의 속성을 지닌다. '금속으로 만들어진 꼬챙이' 를 연상하면 되는 것이다.

💡 예문   くしをさす(구시오사스)는 '꼬챙이를 찌르다'라는 뜻이다.

❷ くち(口)는 입을 의미한다.

'く(구)'는 '몸과 마음' 중에서도 '입'의 속성을 가진다. 'く(구)'는 '입'의 속성이기 때문에 'くち'는 '입'을 연상할 수 있는 것이다.
'くう(食う)' 역시 '먹는다'라는 뜻이다.

💡 예문   かげぐち(가게구치)는 '험담'이라는 뜻이다.

❸ くろい(黒い)는 검은색을 뜻한다.

'く(구)'는 '철'과 같은 금속은 검은색을 띠고 있기 때문에 '검은 색'의 속성을 가지고 있다. 'く(구)'는 '검은색'의 속성이므로 'くろい'는 '검 은색'을 나타내는 대표적인 단어이다.

💡 예문   くろいかお(구로이가오)는 '검은 얼굴'이라는 뜻이다. 참고로 'くろい(검 다), くま(곰, 다크서클), くも(구름, 거미)'도 검은 색 계열로 암기하면 된 다.

け(게)는 칼과 검은색의 속성을 가지고 있다

❶ け(毛)는 털을 의미한다.

'け(게)'는 '검은색'의 속성이다. '검은 털'을 연상하면 'け(게)'의 의미를 이해하기 쉽다.

💡 예문 けがおおい(게가오오이)는 '털이 많다'라는 뜻이다.

❷ けつ(尻)는 엉덩이를 의미한다.

'け(게)'는 '몸'의 속성이다. '엉덩이'도 '몸'의 일부분이기에 몸의 의미로 기억해서 외우기 바란다.

'しり(엉덩이)'는 '아래 부분'의 속성, 'けつ(엉덩이)'는 '몸'의 속성으로서 엉덩이를 의미한다.

💡 예문 けつをたたく(게쓰오다타쿠)는 '엉덩이를 때리다, 격려하다'라는 표현이다.

❸ けむり(煙)는 연기를 의미한다.

'け(게)'는 '검은색'의 속성이다. 공장에서 '검은 연기'가 나는 것으로 연상해서 기억하면 된다.

💡 예문 けむりがこもる(게무리가고모루)는 '연기가 자욱하다'라는 뜻이다.

❹ ける(蹴る)는 차다라는 의미이다.

'け(게)'는 '몸'의 속성이다. '몸의 일부인 다리로 차다'는 의미로 기억하면 된다. 특히 か행에는 '몸'에 해당하는 단어가 매우 많다.

かお(얼굴), かしら(머리), かみ(머리카락), かた(어깨), からだ(몸), きく(귀로 듣다), くち(입), くび(목), け(몸에 난 털), けつ(엉덩이), ける(발로 차다), こぐ(손으로 젓다), こし(허리) 등이다.

💡 예문   ふんだりけったり(훈다리겟타리)는 직역하면 '밟거나 차거나'라는 표현
인데, '엎친 데 덮친 격'의 상황이 생길 경우 쓰는 표현이다.

こ(고)는 칼, 몸과 마음, 검은색의 속성을 가지고 있다

'こ'는 'か행'의 마지막 글자로서 크기가 '작은 것'들을 의미한다.
기본적으로는 '칼, 몸과 마음, 검은색'의 속성을 가지고 있다. '아담하고 작
은 것'들이 담겨 있는 단어들을 연상하면 된다.
か(모기), かまきり(사마귀), こきぶり(바퀴벌레), こおろぎ(귀뚜라미), き
りぎりす(여치) 등 작고 검은 속성의 곤충들이 많다.

❶ こげ(焦げ)는 누룽지를 의미한다.

'こ(고)'는 '검은색'의 속성을 가지고 있다. 'げ(게)'도 '검은색'의 속성을
가지고 있다. 따라서 '검게 탄 누룽지'를 연상하면 된다.

💡 예문   おこげはこうばしい(오코게와고우바시이)는 '누룽지는 고소하다'라는 뜻
이다.

❷ こころ(心)는 마음을 의미한다.

'こ(고)'는 '마음'의 속성이다. 따라서 'こころ'는 '마음'을 의미하는 대표적인 단어인 것이다. 'こ'는 '마음', 'ろ(로)'는 '사람'의 속성이다. 글자 그대로 '사람의 마음'으로 이해하면 된다.

💡 예문　こころがけがよい(고코로가게가요이)는 '마음가짐이 좋다'라는 뜻이다. 이렇게 자음이든 모음이든 같은 글자를 중복하거나, 자음끼리, 모음끼리 중복하는 것은 의미를 강조하거나, 매우 중요한 단어임을 알 수 있다. 특히 같은 글자를 두 개나 중복해서 쓰는 것은 그 단어의 중요성을 알 수 있는 것이고 반드시 외워야 하는 단어이다.

❸ ころす(殺す)는 죽이다라는 의미이다.

'こ(고)'는 '칼'의 속성, 'ろ(로)'는 '사람'의 속성이다. '칼로 사람이나 동물을 죽이다'라는 것으로 연상하면 된다.

💡 예문　ゴキブリをころす(고키부리오고로스)는 '바퀴벌레를 죽이다'라는 뜻이다. 'こ(고)'의 '칼'의 속성을 대표할 수 있는 단어가 'ころす(죽이다)'다.

さ행

さ, し, す, せ, そ

さ し す せ そ

'さ행'은 '시간의 흐름과 공간'을 의미하는 단어들이 다수 포함되어 있다. '술'이라는 의미의 'さけ(사케)'는 한글의 '삭히다(사키다, 사케다)'가 어원이라는 설도 있지만, '술' 역시 시간의 흐름 속에서 숙성 발효(예: 흰색의 막걸리)된 것이기에 'さけ(술)'는 '오랜 시간이 경과되어 만들어진 것'이라는 섯을 알기는 그리 어렵지 않다. 물의 흐름에서 알 수 있듯이 '위에서 아래'로, '과거, 현재, 미래'로의 '시간의 흐름'의 이치로 속성을 이해하는 것이다.

'さ행'은 '물(水)'의 속성도 가지고 있다. 특히 '물의 흐름'은 '시간의 흐름'이고 '시간과 공간'을 담당한다. 특히, '물의 흐름'은 '위에서 아래로 흐르는 것'이 자연의 이치고 '시간의 흐름'은 '과거에서 미래로 흘러가는 것'이 자연의 섭리라는 점을 이해하면 된다. 또한 '물'이 흐르는 동적인 느낌의 행이다.

'あ행'은 사람의 '생각'을 관장하고, 'か행'은 사람의 '몸과 마음'을 관장한다면 'さ행'은 시간과 공간 속에 살아가는 사람의 모습을 함축하고 있다고 볼 수 있다. 색깔은 물과 가까운 '흰색'에 해당하며 사람의 오감 중에는 '촉각'에 해당된다 할 수 있다.

あ행은 미각, か행은 청각, さ행은 촉각, な행은 후각, ま행은 시각에 해당된다고 볼 수 있다.

- さ(사)는 삭힌 것, 사람, 시간과 공간, 동적인 방향(시간의 흐름), 아래, 흰색, 촉각과 물(水)의 속성이 있다.
- し(시)는 삭힌 것, 사람, 방향(시간의 흐름), 아래, 흰색, 물의 속성이 있다.
- す(스)는 삭힌 것, 사람, 방향(시간의 흐름), 흰색, 아래, 물의 속성이 있다.
- せ(세)는 사람, 방향(시간의 흐름)과 물의 속성이 있다.
- そ(소)는 사람, 방향(시간의 흐름)과 물의 속성이 있다.

さ(사)는 삭히다, 방향(시간의 흐름)의 속성을 가지고 있다

❶ さけ(酒)는 술을 의미한다.

'さけ'는 우리말 '삭히다'에서 유래된 것이라는 설도 있다. 'さ(사)'는 '삭히다, 시간의 흐름'을 나타내는 속성이 있다. '삭히다'라는 속성의 대표적인 단어가 'さけ'인 것이다. 곡식을 발효시키거나 삭혀서 만든 것이 'さけ(술)'이므로 '삭힌 사케'로 연상한다면 절대 잊어버릴 수 없다.

💡 예문 さけをのむ(사케오노무)는 '술을 마시다'라는 뜻이다.

❷ さす(刺す)는 찌르다라는 뜻이다.

'さ(사)'는 '방향'의 속성을 가지고 있다. '어느 쪽 방향으로 찌르는 모습'을 연상하면 된다. おす(아래로 밀다), さす(찌르다), だす(내다) 같은 단어도 방향으로 속성을 보여준다.

さされるまえにさす(사사레루마에니사스)는 '찔리기 전에 찌르다'라는
뜻이다. '적이 공격하기 전에 선수 친다'라는 의미이다.

❸ さび는 녹이라는 뜻이다.

'さ(사)'는 '시간의 흐름'의 속성을 가진다. 따라서, 녹은 시간의 오래된
흐름 속에서 생긴 것이다. '오랜 세월, 오랜 시간이 지나면 녹이 슨다'.
'さび'는 상당한 시간의 경과 속에서 생긴 결과물이다. '시간의 흐름'
을 상징하는 대표적인 단어로 볼 수 있다.

みからでたさび(미카라데타사비)는 '자업자득, 몸에서 나온 녹'이라는 뜻
이다. 자신의 잘못으로 인해 좋지 않을 결과가 발생했을 때 쓰는 표현이
다.

❹ さむい(寒い)는 춥다라는 의미를 가진다.

'さ(사)'는 '시간의 흐름'의 속성을 가지고 있다. 사계절 중 '시간의 흐
름 중에서 마지막은 겨울'이다. 겨울은 춥다. 'はる(봄), なつ(여름), あ
き(가을), ふゆ(겨울)'

さむいもん(사무이몬)은 '썰렁한 걸'이라는 뜻이다. 누군가 재미없는 '아
재 개그'를 했을 때에도 쓰는 표현이다.

し(시)는 삭히다, 방향(시간과 공간, 시간의 흐름), 아래의 속성을 가지고 있다

❶ しお(塩)는 소금을 의미한다.

'し(시)'는 '시간의 흐름'과 '흰색'의 속성을 가진다. 바닷물을 장기간 건조시키면 소금이 된다. 역시 '시간의 상당한 흐름과 경과 속에서 탄생한 것이 소금(しお)'이며, 소금의 하얀 색깔을 연상하면 쉽게 이해할 수 있는 단어이다.

💡 예문 たちうおのしおやき(다치우오노시오야키)는 '갈치소금구이'라는 뜻이다.
　　　しろいしお(하얀 소금)는 소금 색이 하얗다는 당연한 귀결이다.

❷ しずむ(沈む)는 가라앉다라는 의미이다.

'し(시)'는 '아래'의 속성이므로 '아래나 바닥으로 가라앉는다'는 의미로 해석하면 된다. 'し(시)'는 '아래'와 '물'의 속성, 'ず(즈)' 역시 '아래'와 '물'의 속성이라면 자동적으로 '물 아래로 가라앉다'라는 의미가 연상되므로 쉽게 기억된다.

💡 예문 ひがしずむ(히가시즈무)는 '해가 가라앉는다'라는 뜻이다.

❸ した(下)는 아래를 의미한다.

'し(시)'는 '아래'의 속성이므로 '아래'를 뜻하는 대표적인 단어이며 쉽게 기억된다.

💡 예문 したにいく(시타니이쿠)는 '아래로 가다'라는 뜻이다.

④ **しぬ(死ぬ)는 죽다라는 뜻이다.**

'し(시)'는 '시간의 흐름'의 속성이다. 시간의 흐름 속에 마지막의 시간에는 누구나 '죽음'을 맞이하게 된다.

💡 예문　たいくつでしにそう(다이구쓰데시니소우)는 '따분해서 죽을 것 같다'라는 뜻이다.

す(스)는 삭히다, 방향(시간의 흐름)의 속성을 가지고 있다

① **す(酢)는 식초를 의미한다.**

'す(스)'는 '삭히다'의 속성, '흰색'의 속성이다. '식초'는 장시간 삭히거나 발효되어 생긴 액체인 것이다.

💡 예문　すをかける(스오가케루)는 '식초를 치다'라는 뜻이다.

　　　'さけ(술)', 'す(식초)', 한자어지만 'しょうゆ(간장)', 'みそ(된장)' 모두 삭혀서 만든 것으로 'ㅅ행'의 '삭히다'라는 속성을 가지고 있으므로, 이를 연상한다면 절대로 잊어버릴 수 없을 것이다.

② **すぎる(過ぎる)는 지나다의 의미를 가지고 있다.**

'す(스)'는 '방향(시간의 흐름)'의 속성이다.

💡 예문　おもいでがすぎる(오모이데가스기루)는 '추억이 지나가다'라는 뜻이다.

❸ すごす(過す)는 보내다의 의미이다.

'す(스)'는 '방향(시간의 흐름)'의 속성이다. '시간을 보내다'라는 것도 '시간의 흐름'인 것이다.

💡 예문   じかんをすごしている(지칸오스고시테이루)는 '시간을 보내고 있다'라는 뜻이다.

せ(세)는 방향(시간의 흐름)의 속성을 가지고 있다

❶ せ(背)는 등, 키의 의미를 가지고 있다.

'せ(세)'는 '방향'의 속성을 가지고 있으므로, '뒤쪽에 있는 등'을 기억하면 된다. '뒤쪽 방향'으로 이해하면 좋을 것 같다. 아울러, '시간'과 '세월'이 지남에 따라 '키가 자라는 것'으로 연상한다면 'せ(키)'의 의미가 쉽게 기억된다.

💡 예문   せがたかい(세가다카이)는 '키가 크다'라는 뜻이다.

❷ せまる(迫る)는 다가오다, 다가가다라는 의미다.

'せ(세)'는 '방향'의 속성을 가지고 있으므로, '특정한 방향으로 좁혀오거나 다가오는 것'을 연상하면 된다.

💡 예문   きけんがせまる(기켄가세마루)는 '위험이 좁혀오다'라는 뜻이다.

❸ せめる(攻める)는 공격하다라는 의미이다.

'せ(세)'는 '방향(시간의 흐름)'이라는 속성을 가지고 있다. '앞쪽 방향으로 전진하며 공격한다'는 의미로 이해하면 된다.

💡 예문 あいてをせめる(아이테오세메루)는 '상대를 공격하다'라는 뜻이다.

そ(소)는 삭히다, 방향(시간의 흐름), 아래의 속성을 가지고 있다

❶ そげる(削げる)는 닳다, 빠지다라는 의미이다.

'そ(소)'는 '삭히다, 방향(시간의 흐름)'을 나타내는 속성이 있다. '시간이 흐를수록 닳게 되는 형상'을 기억하면 된다.

💡 예문 にくがそげる(니쿠가소게루)는 '살이 빠지다'라는 뜻이다.

❷ そそぐ(注ぐ)는 붓다라는 의미이다.

'そ(소)'는 '방향', '아래'의 속성을 가지고 있다. 아울러, '물'의 속성도 가지고 있다. 따라서 'そ(소)'가 두 번 겹친 것은 '물을 졸졸 아래로 붓는 모습'으로 연상하면 되는 것이다.

💡 예문 おゆをそそぐ(오유오소소구)는 '물을 붓다'라는 뜻이다.

❸ そだつ(育つ)는 성장하다라는 의미를 가지고 있다.

'そ(소)'는 '방향(시간의 흐름)'이라는 속성을 가지고 있다. 따라서 '시간이 흐르면서 자라나는 모습'을 연상하면 된다. 'そ(소)'는 방향, 'た(다)'와 'つ(쓰)'는 '손발'을 의미하여 키가 크며 성장하는 모습이다.

💡 예문 けんこうにそだつ(겐코우니소다쓰)는 '건강하게 자라다'라는 뜻이다.

た,ち,つ,て,と

たちつてと

'た행'은 '다리(손)'의 속성이 있다. '손'으로 하는 행동과 '발'로 하는 행동이 다수 포함되어 있다. 'た(た, ち, つ, て, と)'행이 '손'과 '발'에 해당하는 단어가 많다는 점만 알아도 'た행'의 일본어 단어 이해도를 확실히 끌어올릴 수 있다.

사람의 대부분의 행동이 '손'과 '발'로부터 기인한다는 점에서 언어 역시 이러한 것을 기초로 만들어졌다는 것에 대한 이해와 함께 '손'과 '발'을 연상하면서 단어를 숙지하면 된다. '땅'을 '발'로 밟는 것이기 때문에 'た행'은 '땅, 흙(土)'과 관련된 단어가 많이 있다. 따라서 '땅'에서 연상되는 '머물다, 쌓이다, 멈추다' 등의 '정적인 모습'과 '안정성'을 주는 단어가 다수 포함되어 있다.

- た(다)는 **다리(손), 땅, 정적인 것**의 속성이 있다.
- ち(지)는 **다리(손), 땅(흙), 정적인 것**의 속성이 있다.
- つ(쓰)는 **다리(손), 땅, 정적인 것**의 속성이 있다.
- て(데)는 **다리(손), 땅, 정적인 것**의 속성이 있다.
- と(도)는 **다리(손), 땅(흙), 정적인 것**의 속성이 있다.

た(다)는 다리(손), 땅의 속성을 가지고 있다

❶ たがやす(耕す)는 땅을 갈다라는 의미이다.

'た(다)'는 '손과 발'이 연관되므로 '손과 발'을 이용해 땅을 갈고 경작'
하는 행동을 연상하면 된다.

💡 예문　はたけをたがやす(하타케오다가야스)는 '밭을 갈다'라는 뜻이다. 'た(다)'
　　　　는 '다리'와 '땅'의 속성이 포함되어 있음을 쉽게 이해할 수 있다.

❷ だく(抱く)는 안다라는 뜻이다.

'た(다)'는 '손'의 속성을 가지고 있다. '손으로 안다'로 이해하면 된다.
'た(다)'가 가진 '손'의 속성을 이해한다면 쉽게 기억된다.

💡 예문　にんぎょうをだく(닌교오다쿠)는 '인형을 안다'라는 뜻이다.

❸ たつ(立つ)는 일어서다라는 의미이다.

'た(다)'는 '다리(발)'의 속성이 있다. 'た(다)'도 '발'의 속성, 'つ(쓰)'도
'발'의 속성이므로 두 발로 일어서는 것으로 이해하면 명쾌하게 기억
될 것이다. '발로 일어서다'라는 'た행'을 대표하는 단어이며, 'た(다)'
의 속성을 대표하는 단어이기도 하다.

💡 예문　かおがたつ(가오가다쓰)는 '체면이 서다'라는 뜻이다.

❹ たべる(食べる)는 먹다라는 뜻이다.

'た(다)'는 '손'의 속성을 가지고 있다. 먹는 것은 입으로 먹지만 '손을

이용해야만 먹을 수 있는 것'이기에 'た(다)'는 '손'의 의미로 기억하면 된다.

💡 예문   おじやをたべる(오지야오다베루)는 '죽을 먹다'라는 표현이다. 'おじや'는 국물에 밥을 끓여 먹는 죽과 유사한 요리다. '입'으로 먹는 것은 'くう'、'손'으로 먹는 것은 'たべる'로 기억하면 된다.

ち(지)는 다리(손)와 땅의 속성을 가지고 있다

❶ ちかい(近い)는 가깝다라는 의미이다.

'ち(지)'는 '다리(발)'의 속성이 있다. '발로 걸어서 도보로 접근하기에 가깝다'라는 의미이다. '손이 닿을 수 있는 가까운 거리'로 해석해도 된다.

💡 예문   ちかいきょり(지카이교리)는 '가까운 거리'라는 뜻이다.

❷ ちから(力)는 힘이라는 의미이다.

'ち(지)'는 '다리(손)'의 속성이 있다. '힘은 손발의 근육과 움직임에서 나온다'는 것을 연상하면 된다. 'か(가)'는 '칼'의 속성이므로 '칼을 가지고 있는 자는 힘이 있다'라는 의미로도 연상할 수 있다.

💡 예문   ちからぶそく(지카라부소쿠)는 '역부족'이라는 뜻이다.

❸ **ちぢまる(縮まる)는 오그라들다, 시간이 짧아지다라는 뜻이다.**

'ち(지)'는 '다리(손)'의 속성을 가지고 있다. ち는 '손과 발', まる는 '둥그런 모양'으로 '손과 발'이 '둥그렇게 오그라진 모양'을 연상하면 된다. 'ちかい'와 같이 가깝도록 '오그라들다, 시간이 짧아지다'로 연상하는 것도 좋은 방법이다.

💡 예문   じゅみょうがちぢまる(주묘우가지지마루)는 '수명이 줄어들다'라는 뜻이다.

❹ **ちょっかい는 앞발로 당기다, 꼬리치다라는 의미이다.**

'ち(지)'는 '손'의 속성을 가지고 있다. '고양이가 앞발로 무언가를 만지는 모습'에서 나온 단어이다.

💡 예문   おんなにちょっかいをだす(온나니좃카이오다스)는 '여자에게 집적거리다'라는 뜻이다.

つ(쓰)는 다리(손)의 속성을 가지고 있다

❶ **つかう(使う)는 사용하다라는 뜻이다.**

'つ(쓰)'는 '손'의 속성을 가지고 있다. 따라서 '손으로 무언가를 사용하다'라는 의미로 해석하면 된다. つ(쓰)는 '손', か(가)는 '돈'이므로 '돈을 사용하는 것'으로 해석해도 된다.

💡 예문   かねをつかう(가네오쓰카우)는 '돈을 쓰다'라는 뜻이다.

❷ つく(着く)는 도착하다라는 의미이다.

'つ(쓰)'는 '다리(발)'의 속성을 가지고 있다. つ(쓰)는 '발'에 해당되어 '목적지에 도착하다'라는 의미이다.

💡 예문   もくてきちにつく(모쿠테키치니쓰쿠)는 '목적지에 도착하다'라는 뜻이다.

❸ つくる(作る)는 만들다라는 뜻이다.

'つ(쓰)'는 '손'의 속성을 가지고 있다. 'つ(쓰)가 손과 관련이 있다'라는 전제에 가장 대표적인 단어로 볼 수 있다. '손'으로 무언가를 만들어내는 것이다. 'つ(쓰)'가 가진 '손'의 속성을 이해한다면 쉽게 기억된다. 'つ'는 '손', 'く'는 '금속'이기 때문에 '손으로 금속 도구를 만들어내는 것'을 연상하면 된다.

💡 예문   ラーメンをつくる(라멘오쓰쿠루)는 '라면을 만들다'라는 뜻이다.

❹ つまむ(摘む)는 잡다라는 뜻이다.

'つ(쓰)'는 '손'의 속성을 가지고 있다. '손으로 물건을 잡는 모습'을 연상하자.

💡 예문   おつまみをたべる(오쓰마미오다베루)는 '안주를 먹다'라는 뜻이다. おつ まみ는 술 마실 때 나오는 '간단한 과자류'나 '마른안주' 정도에 해당된다.

❺ つめ(爪)는 손톱을 뜻한다.

'つ(쓰)'는 '손'을 의미한다. 따라서 '손'에 '눈(め)'이 있다면 그것은 '손톱'일 것이다. 'つ'는 '손'을 'め'는 '눈'의 속성이므로 'つめ'는 '손톱'의 의미가 되는 것이다. 'つ(쓰)'가 가지고 있는 '손'의 속성을 안다면 절대로 잊어버릴 수 없는 단어이다.

💡 예문 つめをのばす(쓰메오노바스)는 '손톱을 기르다'라는 뜻이다.

て(데)는 다리(손)의 속성을 가지고 있다

❶ て(手)는 손이다.

'て(데)'는 '손'의 속성을 가지고 있다. 'て(데)'는 '손'을 의미하는 대표적 단어이다.

💡 예문 てでつかむ(데데쓰카무)는 '손으로 잡다'라는 뜻이다. 'て(데)'와 'つ(쓰)' 모두 '손'의 속성을 가지고 있음을 한눈에 알아볼 수 있는 것이다.

❷ できる(出來る)는 가능하다라는 뜻이다.

'で(데)'는 '다리(발)'의 속성이다. '발로 한걸음 나와서, 전진함으로써 무엇이든 시작이 되는 것'이고 '일이 가능한 것'이다. '발로 나온다'라는 의미로 기억하면 된다.

💡 예문 にほんごができる(니혼고가데키루)는 '일본어가 가능하다'라는 뜻이다.

❸ てつだう(手伝う)는 도와주다라는 뜻이다.

'て(데)'는 '손'의 속성이다. 고로 '손을 전해주다'라는 '손을 빌려주다'라는 의미와 일맥상통하며 '도와준다'라는 뜻이 된다.

💡 예문 てつだってください(데쓰닷테구다사이)는 '도와주세요'라는 뜻이다.

❹ でる(出る)는 나가다, 나오다의 의미이다.

'で(데)'는 '발'의 속성도 있다. て가 '손'이라면 で는 '발'이다. 마치 '손'과 '발'을 구별하기 쉽게 구별하기 위해 '탁음'으로 표시해 주고 있는 것 같다.

💡 예문 でてこい(데데고이)는 '나와라'라는 뜻이다.

と(도)는 다리(손)와 땅의 속성을 가지고 있다

❶ とどく(届く)는 닿다라는 뜻이다.

'と(도)'는 '다리'의 속성이 있다. 'と(다리)'가 두 개이니 '걸어서 발이 닿거나 도착하는 것'을 의미한다.

💡 예문 にもつがとどく(니모쓰가도도쿠)는 '화물이 도착하다'라는 뜻이다.

❷ とぶ(飛ぶ)는 도약하다, 날다라는 뜻이다.

'と(도)'는 '다리(발)'의 속성을 가지고 있다. '발과 다리로 도약해서 날다'라는 의미이다. 'と(도)'는 다리의 속성, 'ぶ(부)'는 바람의 속성이므로 '바람처럼 날다'로 연상해도 될 것이다.

💡 예문 ぼうしがとぶ(보우시가도부)는 '모자가 날아가다'라는 뜻이다.

❸ とまる(泊まる)는 숙박하다라는 뜻이다.

'と(도)'는 '다리'와 '땅'의 속성을 가지고 있다. '다리(발)가 땅에 머물러

숙박하는 것'이다.

💡 예문　よんばくいつかのとまり(욘바쿠이쓰카노도마리)는 '4박 5일간의 숙박'
　　　　이라는 뜻이다.

❹ とる(取る)는 잡다라는 뜻이다.

'と(도)'는 '손'의 속성이다. '손으로 취하는 것', '잡는 것'이다. 'と(도)'
가 '손'의 속성을 가지고 있는 것에 대한 대표적인 단어로 볼 수 있다.
'と(도)'가 '손'의 속성이라는 점만 이해한다면 쉽게 기억된다.

💡 예문　とってをとる(돗테오도루)는 '손잡이를 잡다'라는 뜻이다.

❺ どろ(泥)는 진흙을 의미한다.

'ど(도)'는 '땅(土)'의 속성이고 '흙(土)'의 속성이다. '다리'로 '땅'을 딛는
것이기 때문이다. '흙'을 뜻하는 'ど、どろ'가 '진흙'으로 연상되는 것은
당연한 귀결이다.

💡 예문　かおにどろをぬる(가오니도로오누루)는 '얼굴에 먹칠을 하다'라는 뜻이
　　　　다.

な행

な, に, ぬ, ね, の

な に ぬ ね の

'な행'은 '느낌, 나무(木), 자연(동식물), 본능(욕구), 후각(냄새)'의 속성을 가지고 있다. 'な행'은 사람의 본능적인 '느낌' 그 자체이다. 본능적이고 자연적인 속성이다. 또한 대지 위의 자연, 그 위에서 자라고 나는 식물과 동물들을 연상하면 된다.

사람도 동물이다. 사람이 가지고 있는 '동물석 본능'을 가진 단어들이 다수 포함되어 있다. 사람 역시 동물처럼 울고, 동물처럼 자고, 동물처럼 마시고 하는 행위는 같은 것이다.

'な행'은 오감 중에는 '후각'에 해당한다. 또한 무언가를 엿보는 것도 비정상적이기는 하나 '본능'의 일종이다. '동물적 본능', '사람의 본능' 등 본능적인(성적 본능도 포함) 의미를 담는 행이라고 할 수 있다.

'な행'은 '느낌'과 '본능'을 나타내는 용어가 다수 담겨 있다.

즉, '빨다(なめる) , におう(냄새를 맡다), ぬく(빼다), ねる(자다), のぞく(엿보다)'와 같이 느끼고 본능적인 것과 관련한 용어들이 다수 포함되어 있는 특징이 있다. 'な행'은 사람의 '느낌'과 '욕구'와 '본능'과 연관이 있는 행으로 기억하면 되는 것이다.

- な(나)는 **느낌, 나무, 자연(동식물), 날씨, 無(무), 시골, 본능(욕구)**의 속성을 가지고 있다.
- に(니)는 **느낌, 나무, 자연(동식물), 시골, 본능, 냄새(후각)**의 속성을 가지고 있다.
- ぬ(누)는 **느낌, 나무, 無(무), 자연, 시골, 본능**의 속성을 가지고 있다.
- ね(네)는 **느낌, 나무, 無(무), 자연, 시골, 본능**의 속성을 가지고 있다.
- の(노)는 **느낌, 나무, 자연, 시골, 본능**의 속성을 가지고 있다.

な(나)는 느낌, 본능의 속성을 가지고 있다

❶ なく(鳴く)는 울다라는 뜻이다.

'な(나)'는 '느낌'과 '본능'의 속성이다. 아기가 태어나서 우는 것은 본능이다. 또한 아플 때, 슬플 때 우는 것은 사람의 '느낌'과 '본능'에 해당하는 속성인 것이다. 'な'가 '느낌'의 속성이라는 점을 이해한다면 'なく(울다)'의 의미는 쉽게 기억된다.

💡 예문 なきこ(나키코)는 '우는 아이'라는 뜻이다.

❷ なさけ(情さけ)는 정을 의미한다.

'な(나)'는 느낌, 본능의 속성이 있다. 사람은 어려운 상황에 빠진 사람을 보면 '측은지심'을 느끼게 되는 인간적인 본능을 가지고 있다. 우물에 빠진 아이를 보면 구해주고 싶은 본능이 생기는 것이다.

💡 예문 なさけをしらない(나사케오시라나이)는 '정이 없다'라는 뜻이다.

❸ なめる는 핥다, 무시하다, 빨다라는 뜻이다.

'な(나)'는 '느낌'과 '본능'의 속성을 가지고 있다. 아기는 태어나면서부터 배가 고프면 살기 위해서 젖을 빠는 '본능'이 있는 것이다.

💡 예문　しんさんをなめる(신산오나메루)는 '인생의 쓴맛, 단맛을 다 보다'라는 뜻이다. '신산(辛酸)'은 맵고 신맛이다.

に(니)는 느낌, 본능, 후각의 속성을 가지고 있다

❶ におい(臭い)는 냄새를 뜻한다.

'に(니)'는 '느낌'과 '본능'의 속성이다. 사람이 냄새를 맡아 무엇인지를 알아내는 것은 동물적인 본능인 것이다. 맛있는 냄새를 맡으면 침이 나오는 것도 본능의 하나이다. 'に(니)'는 사람의 후각과도 관련이 있다. 'に(니)'가 '느낌'의 속성이라는 점만 기억한다면 'におい(臭い)'는 '냄새'라는 것을 절대 잊어버리지 않을 것이다.

💡 예문　こうばしいにおい(고우바시이니오이)는 '고소한 냄새'라는 뜻이다.

❷ にがい(苦い)는 쓰다라는 뜻이다.

'に(니)'는 '느낌'과 '본능'의 속성을 가지고 있다. '맛이 쓰다'는 '느낌'을 느끼는 것이고, 불쾌하거나 좋지 않을 '느낌'을 받을 때도 '쓰다'라는 표현을 쓰는 것이다.

💡 예문　にがわらい(니가와라이)는 '쓴웃음'이라는 뜻이다.

❸ にくむ(憎む)는 미워하다라는 의미이다.

'に(니)'는 '느낌'과 '본능'의 속성을 가지고 있다. 싫어하는 사람을 미워하는 것은 어쩔 수 없는 인간 '본능'의 하나로 볼 수 있다.

🔆 예문   ひとをにくむ(히토오니쿠무)는 '사람을 미워하다'라는 뜻이다. 참고로, 보기에 징그럽거나 기분이 나쁜 느낌(に)을 주는 것 중에 わに(악어), うに(성게), かに(게), おに(귀신)와 같은 것들이 있어 동시에 기억하면 좋을 것이다.

❹ にげる(逃げる)는 도망가다라는 뜻이다.

'に(니)'는 '느낌'과 '본능'의 속성을 가지고 있다. 사람이 무서운 것을 보거나 겁이 날 경우 도망가는 것은 본능적인 것이다.

🔆 예문   はんにんがにげる(한닌가니게루)는 '범인이 도망가다'라는 뜻이다.

ぬ(누)는 느낌과 본능의 속성을 가지고 있다

❶ ぬく(拔く)는 뽑다, 앞지르다, 제끼다, 빼다의 뜻을 가지고 있다.

'ぬ(누)'는 '느낌'과 '본능'의 속성이 있다. 인간은 타인과 경쟁하여 이기고 싶은 욕구(앞지르다)가 있다.

🔆 예문   ぬきつぬかれつ(누키쓰누카레쓰)는 '앞서거니 뒤서거니'라는 의미이다.

❷ ぬぐ(脱ぐ)는 벗다라는 의미이다.

'ぬ(누)'는 '느낌'과 '본능'의 속성이 있다. 더위를 느끼면 옷을 벗는 행위가 이어지는 것으로 연상하면 된다.

💡 예문   ぬいでください(누이데구다사이)는 '벗어 주세요'라는 뜻이다.

❸ ぬくもり(温もり)는 온기를 뜻한다.

'ぬ(누)'는 '느낌'과 '본능'의 속성이 있다. '엄마의 품'과 같은 '온기'를 찾고 느끼는 것도 사람의 욕구와 본능에 가깝다고 할 수 있다.

💡 예문   ひかりとぬくもり(히카리토누쿠모리)는 '빛과 온기'라는 뜻이다.

ね(네)는 느낌과 본능의 속성을 가지고 있다

❶ ねたむ(妬む)는 질투하다, 시샘하다라는 뜻이다.

'ね(네)'는 '느낌'과 '본능'의 속성이 있다.

💡 예문   なんでもないのにねたむ(난데모나이노니네타무)는 '아무것도 아닌데 질투하다'라는 표현이다.

❷ ねらう(狙う)는 겨누다, 사냥하다라는 뜻이다.

'ね(네)'는 '느낌'과 '본능'의 속성이 있다. 사람에서 있어 사냥은 생존의 중요한 수단이었다. 사냥감을 노리는 것이야말로 살아남기 위해 행하는 본능적 행위에 가까운 것이다.

💡 예문 きかいをねらう(기카이오네라우)는 '기회를 노리다'라는 뜻이다.

❸ ねる(寝る)는 자다를 뜻한다.

'ね(네)'는 '느낌'과 '본능'의 속성이 있다. 졸음이 오면 자야 하고, 재충전을 위해서 '잠을 자는' 행위를 본능적인 것으로 이해해도 과언이 아닐 것이다. 'ね(네)'의 속성이 '느낌'이라는 점을 이해한다면 쉽게 기억된다.

💡 예문 ラブホでねる(라부호데네루)는 '러브호텔에서 자다'라는 뜻이다. '러브호텔'을 줄여 ラブホ(라부호)로 사용한다.

の(노)는 느낌, 본능, 나무, 자연(동물과 식물) 등의 속성을 가지고 있다

❶ のがれる(逃れる)는 도망가다, 피하다의 뜻을 가지고 있다.

'の(노)'는 '느낌'과 '본능'의 속성이 있다. 사람이 무섭거나 징그러운 동물을 만나면 피하거나 도망가는 것이 본능적인 모습이다. 'にげる(도망가다)'와 'のがれる(도망가다)'는 'な, に'의 '느낌'이라는 속성을 고려하면 같은 뜻의 같은 단어로 생각해도 무방한 것이다.

💡 예문 せきにんのがれ(세키닌노가레)는 '책임회피'라는 뜻이다.

❷ のぞく(覗く)는 엿보다라는 뜻이다.

'の(노)'는 '느낌'과 '본능'의 속성이 있다. '엿보는 행위', 즉 '관음증'은

정신의학적으로는 비정상적인 성적 행동으로 규정되어 있으며, 이 역시 인간의 비정상적인 '욕구 본능'에서 나오는 행위로 볼 수 있다.

💡 예문   あなからのぞく(아나카라노조쿠)는 '구멍으로부터 엿보다'라는 뜻이다.

❸ のむ(飮む)는 마시다라는 의미이다.

'の(노)'는 '느낌'과 '본능'의 속성이 있다. 사람이 목이 마를 때 물을 마시는 행위는 사실상 '본능'에 가까운 것이다. 살기 위해 생명력을 유지하기 위해 본능적으로 마시는 것이며, 술을 마시는 행위도 사람만이 할 수 있는 행위로 이 역시 취하고 싶은 유희의 욕구를 실현하는 것이다. 'の(노)'가 '느낌'의 속성이라는 점을 이해한다면 'のむ'의 의미는 쉽게 기억된다. 더욱이, 'の'는 '느낌'의 속성, 'む'는 '물'의 속성이므로 글자 그대로 '물'을 느끼면서 마시는 것이다.

💡 예문   ジュースをのむ(주스오노무)는 '주스를 마시다'라는 뜻이다.

❹ のる(乘る)는 타다라는 뜻이다.

'の(노)'는 '느낌'과 '본능'의 속성이 있다. 사람은 걷거나 뛰는 것보다 말을 타고, 마차를 타고, 자동차를 타고 가고 싶은 느낌과 욕구가 있는 것이다. 편안함을 추구하는 것도 본능이자 욕구인 것이다.

💡 예문   くるまにのる(구루마니노루)는 '차에 타다'라는 표현이다.

は행

は, ひ, ふ, へ, ほ

は ひ ふ へ ほ

'は행'은 나무에서 '잎(이파리)'이 밖으로 나오는 것처럼 '바깥'의 속성을 함축한다. '잎'이 새롭게 나는 것은 항상 '처음'과 '시작'의 의미이므로 처음을 의미하기도 한다. 'は(하)'와 'ば(바)'의 발음처럼 한글 표현인 '바깥'과 관련이 있는 것이다. 'ひ(히)'는 '해'의 속성이 강하다. 'ふ(후)'는 입으로 '후우' 하고 불듯이 '바람'의 속성이 있고, 팽창하는 속성이다. 반대로 'へ(헤)'는 '바람'의 속성이기는 하나 수축하는 기운이다. 'ほ(호)'도 '바깥'과 '바람'의 속성을 가지고 있는 글자이다.

- **は(하)**는 **바깥(안)**, **잎(이파리)**, **시작(처음)**의 속성이 있다.
- **ひ(히)**는 **바깥(안)**, **해(불)**의 속성이 있다.
- **ふ(후)**는 **바깥(안)**, **바람(팽창)**의 속성이 있다.
- **へ(헤)**는 **바깥(안)**, **바람(수축)**의 속성이 있다.
- **ほ(호)**는 **바깥(안)**, **바람**의 속성이 있다.

は(하)는 바깥과 잎의 속성을 가지고 있다

❶ はえる(生える)는 나다라는 뜻이다.

'は(하)'는 '바깥'과 '잎'의 속성이 있고, '바깥'과 관련되어 있다.
씨에서 '밖'으로 싹이 터서 잎이 나오는 것을 연상하면 된다.

💡 예문   はがはえる(하가하에루)는 '잎이 나다'라는 뜻이다. 전형적으로 '바깥'을
표현하는 단어이자 문장으로 쉽게 기억된다.

❷ はし는 부리, 다리(橋), 젓가락(箸)의 뜻을 가지고 있다.

'は(하)'는 '바깥'의 속성을 가지고 있다. 새의 부리는 '입'에서 '바깥'으로 돌출되어 나온 부분이고 '다리'는 '물 바깥'으로 나온 모습, '젓가락'은 식탁 위에 놓여진, '바깥'으로 나온 모습을 연상하면 된다.

💡 예문   わりばし(와리바시)는 '나무젓가락'이라는 뜻이다.

❸ はじまる(始る)는 시작하다라는 뜻이다.

'は(하)'는 '바깥'과 '잎'의 속성을 가지고 있다. '잎이 바깥으로 나기 시작한다'는 표현에서처럼 잎이 나는 것은 사계절의 '시작'이고 생명의 '시작'이라고 볼 수 있다. 식물이 자라기 시작하는 처음의 모습으로 연상하면 '시작한다'는 의미를 이해하기 쉽다. '잎'이 나기 시작하는 'はる(봄)'와 'はじまる' 같은 속성을 가진 단어로서 '봄이 시작된다'는 의미로 연상하여 동시에 암기하면 되는 것이다.

💡 예문   しごとをはじまる(시고토오하지마루)는 '일을 시작하다'라는 뜻이다.

❹ はだ(肌)는 피부를 의미한다.

'は(하)'는 '바깥'의 속성이 있다. 인체의 제일 바깥 부분이 피부이니 그대로 연상해서 외우면 된다. 'は(하)'는 바깥의 속성, 'た'는 '다리'와 '손'의 속성이므로 글자 그대로 '손'의 '바깥' 부분이 '피부'인 것으로 쉽게 기억된다.

💡 예문 はだがかぴかぴになった(하다가가피카피니낫타)는 '피부가 가칠가칠해
졌다'라는 뜻이다.

❺ はなす(話す)는 이야기하다라는 뜻이다.

'は(하)'는 '바깥'의 속성이 있다. 안에 담아두는 것이 아니고 '바깥'으
로 말하고 이야기하는 것이다.

💡 예문 じまんばなし(지만바나시)는 '자랑 이야기'라는 뜻이다. 나이 들면 하지
말아야 되는 것이 說教(せっきょう), むかしばなし, じまんばなし(설교,
옛날 이야기, 자랑 이야기)라는 말이 있다.

ひ(히)는 해와 바깥의 속성을 가지고 있다

❶ ひ(日)는 글자 그대로 해의 뜻이고, 불이라는 뜻으로 확장된다.

'ひ(히)'는 '해'의 속성이 있다. 굳이 암기할 필요도 없는, 가장 한글과
유사한 단어인 것이다. '히'와 '해'는 발음까지 비슷해서 'ひ(히)'가 '해'
라는 것은 쉽게 기억된다.

💡 예문 ひがのぼる(히가노보루)는 '해가 뜬다'라는 뜻이다.

❷ ひがし(東)는 동쪽을 의미한다.

'ひ(히)'는 '해'의 속성이 있다. '해'가 뜨는 쪽이 동쪽이라는 것을 기억
하면 된다. 'ひ'는 '해'의 속성, 'し'는 '방향'의 속성이므로 '해'가 뜨는

'방향'이 '동쪽'이라는 의미로서 절대 잊어버릴 수 없는 단어인 것이다.

💡 예문   ひがしかぜ(히가시가제)는 '동풍'이라는 뜻이다.

❸ ひく(引く)는 당기다, 질리다, 놀라다, 깬다라는 뜻이 있다.

'ひ(히)'는 해의 속성이 있다. '해'는 생명체에게는 에너지를 주며 해 쪽으로 당기는 힘을 가지고 있다고 보면 되는 것이다. '해바라기(ひまわり)'도 '해를 바라보며 자란다'는 의미인 것이다.

💡 예문   うでをひく(우데오히쿠)는 '팔을 당기다'라는 뜻이다.

❹ ひと(人)는 사람의 뜻이다.

'ひ(히)'는 '해'의 속성이다. 만물 중에서 '해가 하나이듯이 사람도 하나이다'라는 연상을 하여 기억하면 좋을 것이다. '사람'은 '해'와 같이 유일무이한 존재로서의 가치가 있다.

💡 예문   ひととなり(히토토나리)는 '됨됨이'라는 뜻이다.

ふ(후)는 바람(팽창)의 속성을 가지고 있다

❶ ふく(吹く)는 불다라는 뜻이다.

'ふ(후)'는 '바람'과 '바깥'의 속성이 있다. '입'으로 '바람'을 '훅' 부는 것이다. '바람과 관련이 있다'는 대표적인 단어로 볼 수 있다.

'ふ'로 시작되는 단어는 ふく를 우선 기억하고 단어의 의미를 파악하면 이해가 쉬우며, 'ふ'의 '바람'의 속성을 이해한다면 쉽게 기억된다.

💡 예문 かぜがふく(가제가후쿠)는 '바람이 불다'라는 뜻이다.

❷ ふくらむ(膨らむ)는 부풀어 오르다라는 뜻이다.

'ふ(후)'는 '바람'과 '바깥'의 속성이 있다. '바람처럼 부풀어 오르는 모습'을 연상하면 된다.

💡 예문 はらがふくらむ(하라가후쿠라무)는 '배가 부풀어 오르다'라는 뜻이다.

❸ ふとる(太る)는 살찌다라는 뜻이다.

'ふ(후)'는 '바람'과 '바깥'의 속성이 있다. '바람'이 든 풍선처럼 '몸이 불어 살찌다'라는 표현이다. 살이 불어난 모양새다.

💡 예문 ふとったひと(후톳타히토)는 '살찐 사람'이라는 뜻이다.

❹ ふね(船)는 배라는 뜻이다.

'ふ(후)'는 '바람'과 '바깥'의 속성이 있다. 예전에는 '배'는 '바람'에 의해 움직이는 운송수단이었다. 이러한 점을 연상해서 '바람'과 '배'가 관련이 있는 것을 기억하면 된다. 'ふ(후)'는 '바람'의 속성, 'ね(네)'는 '나무'의 속성이므로 '바람'으로 가는 나무배로 연상하면 쉽게 기억할 수 있다.

💡 예문 ふねがすわる(후네가스와루)는 '배가 좌초하다'라는 뜻이다.

❺ ふゆ(冬)는 겨울을 의미한다.

'ふ(후)'는 '바람'과 '바깥'의 속성이 있다. 겨울의 특징은 '바람'이 많이

불고 눈이 오는 것이다. 이 점을 연상해서 기억하면 된다.

💡 예문   ふゆかぜ(후유가제)는 '겨울바람'이라는 뜻이다. 'はる(봄)'는 '잎(は)'이
나는 계절, 'なつ'는 'なながつ(7월)'가 있는 계절, 'あき(가을)'는 '빨간(あ
かい) 단풍'이 드는 계절, 'ふゆ(겨울)'는 '바람'이 부는 계절인 것이다.

へ(헤)는 바깥과 바람의 속성을 가지고 있다

❶ へ는 방귀라는 뜻이다.

'へ(헤)'는 '바람'의 속성이 있다. 생리적인 현상, 방귀도 '바람 같은 기
체'이다.

💡 예문   へのにおい(헤노니오이)는 '방귀 냄새'라는 뜻이다.

❷ ぺこぺこ는 배고프다, 굽신굽신, 꼬르륵의 뜻이다.

'へ(헤)'는 '바람'의 속성을 가지고 있다. 배 속(안)에 아무것도 먹지 않
아 바람 든 것처럼 꼬르륵 소리가 나는 것이다.

💡 예문   おなかがぺこぺこだ(오나카가페코페코다)는 '배가 고프다'라는 뜻이다.

❸ へる(減る)는 꼬르륵 소리 나다, 배고프다라는 뜻이다.

'へ(헤)'는 '바람'의 속성을 가지고 있다. 뱃속에 아무것도 못먹어서 '바
람'과 같이 비어 있는 상태이다.

💡 예문   はらへらない(하라헤라나이)는 '배고프지 않아?'라는 뜻이다.

ほ(호)는 바람과 바깥의 속성을 가지고 있다

❶ ほ(帆)는 돛을 의미한다.

'돛'은 배를 '바람'으로 이동하기 위해 돛대에 다는 천이다. 'ほ(호)'는 '바람'의 속성이 있다. 'ほ(호)'가 바람의 속성임을 기억한다면 절대 잊어버릴 수 없는 것이다. 배는 '바람'에 의해 가고 돛을 달아야 바람을 맞으며 배가 항해하는 것이다.

💡 예문   ほをかける(호오가케루)는 '돛을 달다'라는 뜻이다.

❷ ほか(外)는 바깥을 의미한다.

'ほ(호)'는 '바깥'의 속성이고 이를 대표하는 단어가 'ほか(호카)'인 것이다.

💡 예문   ほかになにがあるか(호카니나니가아루카)는 '그밖에 무엇이 있을까?'라는 표현이다.

❸ ほす(干す)는 말리다라는 뜻이다.

'ほ(호)'는 '바람'과 '바깥'의 속성이 있다. 무엇인가를 말릴 때 바람에 말리는 것이다. 생선도 바닷바람에 말리고 고추도 말리고 빨래도 말리고, '햇볕과 바람'에 의해 말리는 것이다.

💡 예문   ほしがき(호시가키)는 '곶감'이라는 뜻이다.

❹ ぼろぼろ는 너덜너덜이란 뜻이다.

'ほ(호)'는 '바람과 바깥'의 속성이 있다. 바람이 세게 불어 현수막들이 너덜너덜 찢어진 모습을 연상하면 된다.

💡 예문   ぼろぼろになる(보로보로니나루)는 '너덜너덜해지다'라는 뜻이다.

ま행

ま, み, む, め, も

ま み む め も

'ま행(ま, み, む, め, も)'은 '말다(둥글게)'라는 속성이 있고 사람의 '눈'과 '둥그런 모양'을 나타내는 속성이 있다. '눈'은 둥글기 때문에 '둥그렇다'고 생각되는 단어들이 다수 포함되어 있다. '눈'은 항상 눈물로 싸여 있어 촉촉하기 때문에 '물(水)'과 관련된 단어들도 눈에 띈다.

- ま(마)는 말다, 눈(둥근 모양)과 물(水)의 속성이 있다.
- み(미)는 말다, 눈(둥근 모양)과 물(水)의 속성이 있다.
- む(무)는 말다, 눈(둥근 모양)과 물(水)의 속성이 있다.
- め(메)는 말다, 눈(둥근 모양)과 물(水)의 속성이 있다.
- も(모)는 말다, 눈(둥근 모양)과 물(水)의 속성이 있다.

ま(마)는 말다, 눈(둥근 모양)의 속성을 가지고 있다

❶ まがる(曲がる)는 구부러지다라는 뜻이다.

'ま(마)'는 '말다'와 '둥근 모양'의 속성이 있다. 따라서 '물건이나 길이 둥글게 구부러져 있다'는 뜻이다.

💡 예문　どうろがまがる(도우로가마가루)는 '도로가 구부러지다'라는 뜻이다.

② **まく(巻く)는 말다, 감다라는 뜻이다.**

'ま(마)'는 '말다'와 '눈과 둥근 모양'의 속성이 있다. '둥글게 감는 것'이다. '말다'를 의미하는 ま행의 대표적인 단어가 'まく'인 것이다. 'まく'가 '말다'의 속성이라는 점을 이해한다면 쉽게 기억된다.

💡 예문   ぜんまいをまく(젠마이오마쿠)는 '태엽을 감다'라는 뜻이다.

③ **まぶしい(眩しい)는 눈부시다라는 뜻이다.**

'ま(마)'는 '눈'과 '둥근 모양'의 속성이 있다. 'まぶしい(마부시이)', 글자 그대로 'ま(눈)이 부신다'라는 의미이다.

💡 예문   めがまぶしい(메가마부시이)는 '눈이 부시다'라는 표현처럼 ま(마)가 '눈'의 속성을 가지고 있다는 대표적인 단어가 まぶしい(눈이 부시다)인 것이다.

④ **まもる(守る)는 지키다라는 뜻이다.**

'ま(마)'는 '눈'과 '둥근 모양'의 속성이 있다. ま(눈)과 も(눈), '두 눈을 부릅뜨고 무언가를 지켜내는 것'이다.

💡 예문   ルールをまもる(루루오마모루)는 '룰을 지키다'라는 뜻이다.

み(미)는 말다, 눈(둥근 모양), 또는 물(水)의 속성을 가지고 있다

❶ みず(水)는 물을 의미한다.

'み(미)'는 '둥근 모양'과 '물'의 속성이 있다. 물방울 모양이 대체로 둥글게 표현된다는 점을 기억하면 된다.

'み'도 '물'의 속성이 있고 'ず'도 물의 속성이 있어 두 개가 만나 물의 의미가 된다.

💡 예문 みずをえたさかな(미즈오에타사카나)는 '물 만난 물고기'라는 뜻이다.

❷ みせ(店)는 가게의 의미이다.

み(미)는 '눈'과 '둥근 모양'의 속성이 있다. '눈으로 볼 수 있도록 보여주는 곳이 가게'인 것이다.

💡 예문 みせはみせるところ(미세와미세루도코로)는 '가게는 보여주는 곳'이라는 뜻이다.

❸ みぞ(溝)는 도랑을 의미한다.

'み(미)'는 '물'의 속성이 있다. 'ぞ(조)'는 '물'의 속성이다. 'みぞ'역시 'みず'와 마찬가지로 '물'의 속성을 가진 み와 ぞ가 합쳐져서 '물이 많은 도랑'이라는 의미가 된다. 대체로 고랑에 물이 고이는 것이다. 감정의 골을 표현할 때도 'みぞ'를 사용하기도 한다. みぞがふかい(감정의 골이 깊다)라는 표현이다.

みずがおおいみぞ(미즈가오오이미조)는 '물이 많은 도랑'이라는 뜻이다.

❹ みち(道)는 길의 뜻이다.

'み(미)'는 '눈'과 '둥근 모양'의 속성이 있다. '눈으로 보면서 가는 길'이다. み는 '눈', ち는 '흙'을 의미한다.

예문 いばらのみち(이바라노미치)는 '가시밭길'이라는 뜻이다.

❺ みる(見る)는 보다라는 뜻이다.

'み(미)'는 '눈'과 '둥근 모양'의 속성을 가지고 있다. 'みる'는 전형적인 '눈'을 의미하는 'み(미)'의 대표적인 단어이다. 쉽게 말해 '눈'의 기능은 '보는' 것이다. 'みる'는 너무나 외우기 쉬운 단어이며 쉽게 기억된다.

みる(보다), まもる(지키다), めくる(들추다, 들춰 보다) 같은 단어는 모두 '눈'의 속성을 가지고 있는 것이다.

예문 すみからすみまでみる(스미카라스미마데미루)는 '구석구석 보다'라는 뜻이다.

む(무)는 말다, 눈(둥근 모양), 물(水)의 속성을 가지고 있다

❶ むく(向く)는 향하다라는 뜻이다.

'む(무)'는 '눈'과 '둥근 모양'의 속성이 있다. '눈으로 보고 향하는 것'이

다. 'みる'와 'むく'는 모두 '눈'의 속성을 가지고 있기 때문에 동일한
의미로 기억해도 되며, 이 역시 아주 쉽게 기억된다.

💡 예문   むいてる(무이테루)는 '유리하다, 소질 있다, 적성에 맞다'는 뜻이다.

❷ むくみ(浮腫)는 부종이라는 뜻이다.

'む(무)'는 '눈'과 '둥근 모양'의 속성이 있다. 아울러 '물'의 속성이 있
다. '둥그런 모양의 물집처럼 부어 있는 모양'으로 기억하면 된다.

💡 예문   むくみがでる(무쿠미가데루)는 '부종이 나다'라는 뜻이다.

❸ むらがる(群がる)는 모이다라는 뜻이다.

'む(무)'는 '눈'과 '둥근 모양'의 속성이 있다. '둥글게 모여 있는 형태'를
기억하면 된다.

💡 예문   ひろばにむらがる(히로바니무라가루)는 '광장에 모이다'라는 뜻이다.

め(메)는 말다, 눈(둥근 모양), 또는 물(水)의 속성을 가지고 있다

---

❶ め(目)는 눈이라는 뜻이다.

'め(메)'는 '눈'과 '둥근 모양'의 속성이 있다. '눈'과 관련되어 있는 대표
적인 단어로 볼 수 있다. 'め'가 '눈'이라는 것만 알고 있어도 'め'로 시
작하는 많은 단어의 의미를 유추할 수 있는 것이다. 'め'는 글자 그대

로 '눈'의 속성이므로 절대 잊어버릴 수 없을 것이다.

💡 예문 なみだめ(나미다메)는 '글썽이는 눈'이라는 뜻이다.

❷ めがね(眼鏡)는 안경을 의미한다.

'め(메)'는 '눈'과 '둥근 모양'의 속성이 있다. 'め(눈)'에 쓰는 'かね(금속 도구)', 즉 금속 도구이니 안경을 의미한다.

💡 예문 めがねをはずす(메가네오하즈스)는 '안경을 벗다'라는 뜻이다.

❸ めざす(目指す)는 목표로 하다라는 뜻이다.

'め(메)'는 '눈'과 '둥근 모양'의 속성이 있다. '눈'으로 가리키는 것이 목표가 되는 것이다.

💡 예문 せいこうをめざす(세이코우오메자스)는 '성공을 목표로 하다'라는 뜻이다.

❹ めし(飯)는 밥이다.

'め(메)'는 '눈'과 '둥근 모양'의 속성이 있다. 밥공기에 담겨져 있는 둥그런 밥을 생각하면 된다. め(메)는 '둥글다'는 의미이고, 'し(시)'는 '흰색'의 의미이니 'めし'가 '밥'을 의미하는 것은 쉽게 이해할 수 있다.

💡 예문 あさめしまえだ(아사메시마에다)는 '식은 죽 먹기다'라는 뜻이다. 아침식사 전(朝飯前)에도 간단히 할 수 있을 정도로 쉬운 일이라는 뜻이다.

も(모)는 둥근 모양 또는 눈, 물(水)의 속성을 가지고 있다

❶ もとめる(求める)는 추구하다라는 뜻이다.

'も(모)'는 '눈'과 '둥근 모양'의 속성이 있다. '눈으로 목표를 정하고 추구하는 것'이다.

💡 예문   かいらくをもとめる(가이라쿠오모토메루)는 '쾌락을 추구하다'라는 뜻이다.

❷ もむ는 주무르다, 비비다라는 뜻이다.

'も(모)'는 '말다'와 '둥근 모양'의 속성이다. 손을 '둥글게 말아 쥐어 주무르거나 비비는 행위'이다.

💡 예문   かたをもむ(가타오모무)는 '어깨를 주무르다'라는 뜻이다.

❸ もも(桃)는 복숭아를 의미한다.

'も(모)'는 '둥근 모양'과 연관되어 있다. 아울러, '물'의 속성을 가지고 있다. 대부부의 과일이 '둥글게 생겼으며 복숭아는 물이 많은 과일'이기도 하다.

순수 일본어로 된 과일 이름은 いちご(딸기), なし(배) 정도이다. 딸기(이치고)의 제철은 '1월(いち)'에서 '5월(ご)'이니까 'いちご'로 외우는 것도 좋은 방법이다.

💡 예문   ももがおいしい(모모가오이시이)는 '복숭아가 맛있다'라는 간단한 표현이다.

❹ もる(盛る)는 담다, 쌓다라는 뜻이다.

'も(모)'는 '말다'와 '둥근 모양'과 연관되어 있다. '손을 둥글게 말아 둥근 모양의 그릇에 물건을 담는 것'이다.

💡 예문 たまごはひとつのかごにもるな(다마고와히토쓰노가고니모루나)란 '계란은 한 바구니에 담지 마라'라는 주식 격언이다. 이런 격언은 문장 그대로 외워서 활용하는 것도 매우 유용하다.

や, ゆ, よ

'や행'은 '어둠'의 속성을 가지고 있다. 따라서 '어둠(밤)'의 속성 중에는 '불'의 속성에 가까운 다소 위험한 뜻을 가진 단어들이 포함되어 있다.

'불'에 익히면 '부드러운 상태'(고기를 불에 구워서 부드럽게 만드는 것)가 되기도 한다. 어두운 밤에는 불을 켜는 깃이기에 '어둠', '밤', '불(火)'이라고 하는 세 가지의 의미는 연결된다.

어두운 밤이 주는 부정적 의미도 있지만, 역으로 밤이 주는 '쉼'과 '여유로움'의 의미도 있다는 점도 숙지하고 있는 것이 좋다. '여유로움'의 속성이 있다 보니 '쉼', '집'과 관계된 단어가 많다.

> ## や(야)는 어둠, 밤, 불과 부드러움, 여유로움, 쉼(집)의 속성을 가지고 있다

❶ やく(燒く)는 불태우다, 굽다의 의미이다.

'や(야)'는 '불'과 '어둠'의 속성이 있다.

💡 예문　あみやき(아미야키)는 '석쇠구이'라는 뜻이다.

❷ やどる(宿る)는 머물다라는 의미이다.

'や(야)'는 '어둠'과 '집'의 속성이 있다. 어두워지면 '집'으로 가서 머물면서 쉬는 것이다. 여유롭게 쉬기 위해 머무는 것이다.

💡 예문　つゆがやどる(쓰유가야도루)는 '이슬이 머물다', 즉 '이슬이 맺히다'라는 시적인 표현이다.

❸ やみ(暗)는 어둠, 분별 없음, 암거래를 뜻한다.

'や(야)'는 '어둠'의 속성이 있다. 당연히 '어둠'을 나타내는 단어로 보면 된다.

💡 예문　まえはやみだ(마에와야미다)는 '앞은 어둠이다'라는 뜻이다. 결국, 'やみ(어둠)', 'ゆめ(꿈)', 'ゆうがた(저녁 때)', 'よる(밤)'의 뜻은 '어둠'의 속성 안에서 일맥상통하는 것으로 이해하면 된다. 'や(야)'의 '어둠'의 속성을 이해한다면 쉽게 기억된다.

❹ やわらかい(柔らかい)는 부드럽다라는 뜻이다.

'や(야)'는 '부드러움'의 속성이 있다. 야들야들. 'や행'의 '부드러움'의 속성을 대표하는 단어이다. '불'로 굽거나 익혀서 '부드럽게 만든다'는 것을 연상하면 된다.

💡 예문　やわらかいゆび(야와라카이유비)는 '부드러운 손가락'이라는 뜻이다.

ゆ(유)는 어둠, 불, 부드러움과 집, 여유로움의 속성을 가지고 있다

❶ ゆがむ(歪む)는 삐뚤어지다의 의미이다.

'ゆ(유)'는 '어둠'의 속성이 있다. 또한, '어두운 생각', '어두운 마음'을 가지고 있으면 삐뚤어지는 성격이 되는 것이다.

💡 예문   せいかくがゆがむ(세이카쿠가유가무)는 '성격이 삐뚤어지다'라는 뜻이다.

❷ ゆび(指)는 손가락의 의미이다.

'ゆ(유)'는 '부드러움'의 속성이 있다. 아울러, '쉼과 여유로움'의 속성도 있다. '손가락'은 '강함'보다는 '부드러움'으로 표현하는 것이 적합할 것이다. 신체구조상 어느 기관보다도 부드럽게 움직이는 조직이 '손가락'인 것이다. 여성의 가냘프고 부드러운 손을 의미하는 '섬섬옥수'라는 표현도 기억해두면 좋을 것 같다.

💡 예문   おやゆび(오야유비)는 '엄지손가락'이라는 뜻이다.

❸ ゆめ(夢)는 꿈을 의미한다.

'ゆ(유)'는 '어둠'의 속성이 있다. '밤(ゆ)에 본다(め)'는 것은 '꿈'으로 이해하면 된다. 'や'의 '어둠'의 속성을 이해한다면 절대 잊어버릴 수 없는 단어이다.

💡 예문   ゆめをみる(유메오미루)는 '꿈을 꾸다'라는 뜻이다.

❹ ゆるい(緩い)는 느슨하다라는 뜻이다.

'ゆ(유)'는 '부드러움'의 속성이 있다. 느슨한 것은 '부드럽게 풀려있다'
는 것이다.

💡 예문   ねじがゆるい(네지가유루이)는 '나사가 느슨하다'라는 뜻이다.

よ(요)는 어둠, 집, 불, 여유로움의 속성을 가지고 있다

❶ よう(酔う)는 취하다라는 뜻이다.

'よ(요)'는 '어둠'의 속성이 있다. '술'은 대체적으로 어두워지는 '밤'에
마시는 것이며 마시면 취하는 것이다.

💡 예문   ふつかよい(후쓰카요이)는 '숙취'라는 뜻이다.

❷ よごれる(汚れる)는 더러워지다라는 의미이다.

'よ(요)'는 '어둠'의 속성이 있다. '밤'은 다소 나쁜 의미의 속성도 가지
고 있어 좋지 않은 의미의 단어도 연상할 수 있다. ご는 '검은색'의 속
성이 있으므로 검게 변해서 더러워지는 것으로 연상할 수 있다.

💡 예문   おしぼりがよごれる(오시보리가요고레루)는 '물수건이 더러워지다'라는
        뜻이다.

❸ よむ(読む)는 읽다라는 뜻이다.

'よ(요)'는 '어둠'의 속성이 있다. 'む'는 '눈'의 속성이다. 밤(よ)에 눈(め

)으로 보고 읽는 것이다. 밤에만 공부하는 것은 아니지만 '주경야독'이란 말이 있듯이 낮에는 일하고 '밤에는 책을 읽는 것'으로 우선 기억하면 된다. 책을 읽음으로써 어둠을 밝히는 것, 불을 밝히는 것으로 연상해도 될 것이다.

💡 예문　ほんをよむ(혼오요무)는 '책을 읽다'라는 뜻이다.

❹ よる(夜)는 밤을 의미한다.

'よ(요)'는 '어둠'의 속성이 있다. '밤'을 의미하는 대표적인 단어이다.

💡 예문　よるによう(요루니요우)는 '밤에 취하다'라는 뜻이다. '해(ひ)'가 있는 'ひる'는 '낮'이고 '어둠(よ)'이 있는 'よる'는 '밤'이다.

ら행

ら, り, る, れ, ろ

ら り る れ ろ

'ら행'은 의미보다는 보조적인 행의 단어이므로 주로 동사의 접미어(る)로 쓰이거나 단어의 중간 이음 역할을 해 주거나, 동사의 수동태(れる、られる)를 만들어 주는 역할을 하므로 특별한 의미로서의 암기보다는 보조어 개념으로 이해하면 된다.

굳이 ら행의 속성을 꼽는다면 '사람'과 관련된 단어로 이해하면 된다.

회화에 자주 나오는 표현 일부만 정리하였다.

❶ ろうがい(老害)는 꼰대라는 뜻이다.

💡 예문   ろうがいはきらいだ(로우가이와기라이다)는 '꼰대는 싫다'라는 뜻이다.

❷ ろくでもない는 변변치 않은이라는 뜻이다.

💡 예문   ろくでもないじんせい(로쿠데모나이진세이)는 '변변치 않은 인생'이라는 뜻이다.

❸ ろくでなし는 밥벌레, 못난 놈, 식충이, 변변치않은 놈, 제대로되지 않은 놈이라는 뜻이다.

💡 예문   ろくでなしはないからさ(로쿠데나시와나이카라사)는 '식충이는 아니니까'라는 뜻이다.

わ햄

わ, を, ん

わ を ん

'わ행'은 제일 마지막행의 일본어 글자로서 '사람'만이 가지고 있는 속성을 가지고 있다. 발음적으로 유사한 'あ행'과 속성적으로는 유사하여 '생각'이라는 속성과 관련된 단어가 포함되어 있다.

또한, 'や행(요음)'과의 인접성으로 인해 'や행'의 대표 속성인 'よ(밤), 불과 부드러움'의 속성도 일부 가진 것으로 이해하면 된다.

**わ(와)는 사람, 생각, 밤(어둠), 불, 부드러움,
밝음(젊음)의 속성을 가지고 있다**

---

❶ わかい(若い)는 젊다라는 뜻이다.

'わ(와)'는 '사람(생각)'과 '젊음'의 속성이 있다. 'わかい(젊다)'는 'あかい(붉은, 색깔이 아름다운)'처럼 젊고 '불'처럼 역동적인 의미를 가지게 된 것이다.

💡 예문   かのじょはわかい(가노죠와와카이)는 '그녀는 젊다'라는 뜻이다.

❷ わかる(分かる)는 이해하다라는 의미이다.

'わ(와)'는 '사람(생각)'의 속성이 있다. 'わ(와)'는 '생각', 'か(가)'는 '마음'을 의미하기에 '생각하고 마음으로 이해하는 것'으로 외우면 된다. わ(

와)행의 속성인 사람만이 이해할 수 있는 능력이 있다.

💡 예문   ひとめでわかる(히토메데와카루)는 '한눈에 알 수 있다'라는 뜻이다.

❸ わかれる(別れる)는 이별하다라는 의미이다.

'わ(와)'는 '사람(생각)'의 속성이 있다. 이별하는 것도 수많은 고민과 '생각의 산물'이기에 '생각'과 관련이 있는 것이고 'か(칼)'의 영향으로 '나누어지다'라는 개념도 섞여 있는 것으로 보면 된다. 사람만이 이별의 감정을 느낀다.

💡 예문   であいとわかれ(데아이토와카레)는 '만남과 이별'이라는 뜻이다.

❹ わすれる(忘れる)는 잊다라는 뜻이다.

'わ(와)'는 '사람(생각)'의 속성이 있다. 생각이 나지 않아서 잊어버리는 것이다. 역시 잊는 것도 '사람'만이 가지고 있는 '생각'의 속성이다.

💡 예문   わすれもの(와스레모노)는 '잃어버린 것', '분실물'이라는 뜻이다.

맺음말

이와 같이 일본어 오십음도 각 행의 글자(음절)들은 나름의 의미 있는 '속성'을 가지고 있다. 각 행과 글자의 '속성'을 이해하면서 단어를 암기한다면 보다 쉽게 단어의 의미를 떠올리고 이해할 수 있을 것이다. 생각보다 훨씬 많은 일본어 단어가 글자마다의 공통적인 '속성'을 가지고 있다. 일본어 학습을 하면서 이 책에 열거되어 있는 '속성'들을 기본으로 새롭게 접하게 되는 단어들의 '속성'을 고민하면서 공부한다면 더 많은 단어를 확장성 있게 이해할 수 있게 되고, 일본어 단어를 정복하고 일본어를 능숙하게 구사하는 데 많은 도움이 될 것으로 확신한다.